TINTO

blau

Erstlesebuch

von

Dr. Rüdiger Urbanek

Linda Anders

Ursula Brinkmann

Doris Frickemeier

Gabriele Müller

illustriert von

Eva Czerwenka

Cornelsen

In der Schule

Wand
TINTO
SARA
MAX
Lena
Jonas
Max
MAMA
Regal
Aa
Aktion
FATMA
Tisch

Ich bin ich

Ich bin Fatma.
Ich bin 6 Jahre.
Meine Mama spricht türkisch.
Ich kann türkisch und deutsch.

Ich bin Jonas.
Ich bin 6.
Mein Papa ist in Nigeria geboren.
Ich war noch nie in Nigeria.

Ich bin Tim.
Ich bin 6 Jahre alt.
Meine Mama hat gerade
ein Auto gekauft.
Damit holt sie mich heute ab.

Ich bin Lena.
Ich bin 7 Jahre alt.
Ich kann schon lesen.
Das hat mir mein Opa gezeigt.

Darum sind wir hier

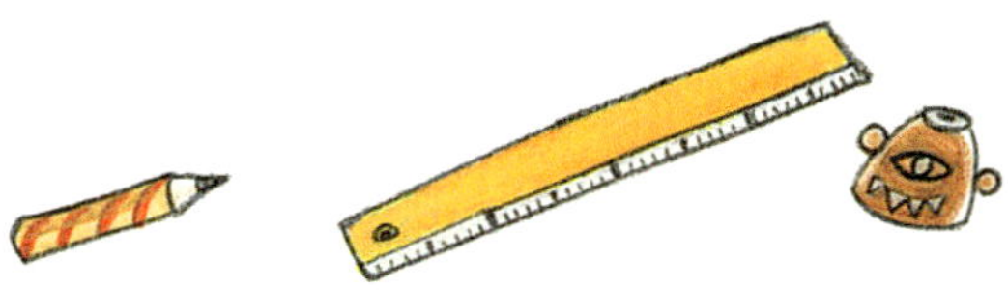

Text u. Melodie: Rüdiger Urbanek

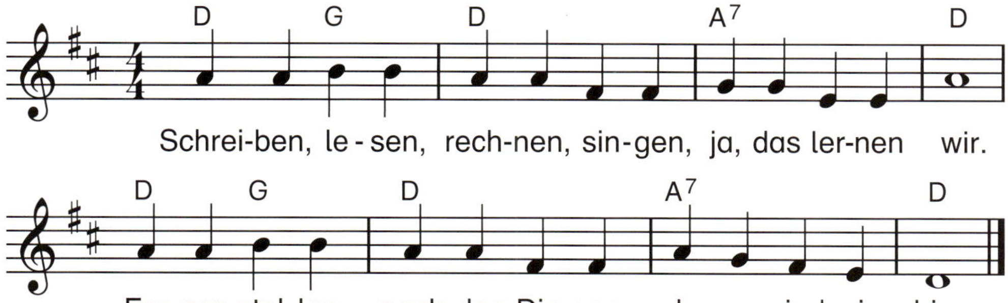

Wenn wir uns're Hände fassen,
ja, dann spüren wir,
dass wir gut zusammenpassen.
Wir sind gerne hier.

Pause?

Ich bin Julia.
Ich habe gerade ein Bild gemalt.
Und ich habe ein Wort geschrieben,
ein ganz langes Wort.
Jetzt habe ich Hunger,
großen Hunger.

Ah, mein Apfel!

Mein Frühstück

Streit?

Das ist mein Anorak.
Nein, das ist mein Anorak.
Tim
Sara
Max

Lass los, Lena!
Nein, lass du los!
Tim
Sara
Lena
Max
Fatma

Gefühle

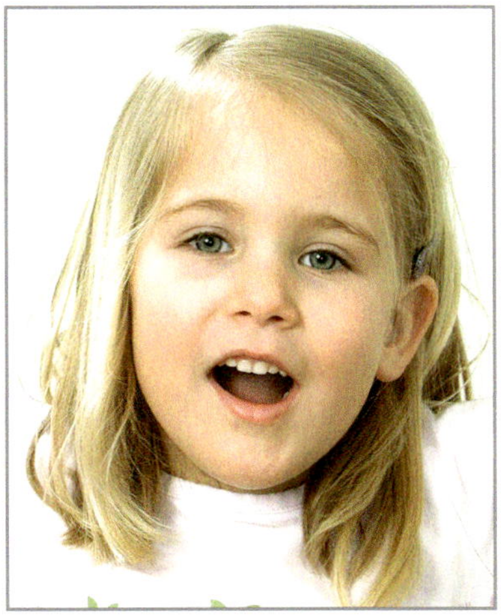

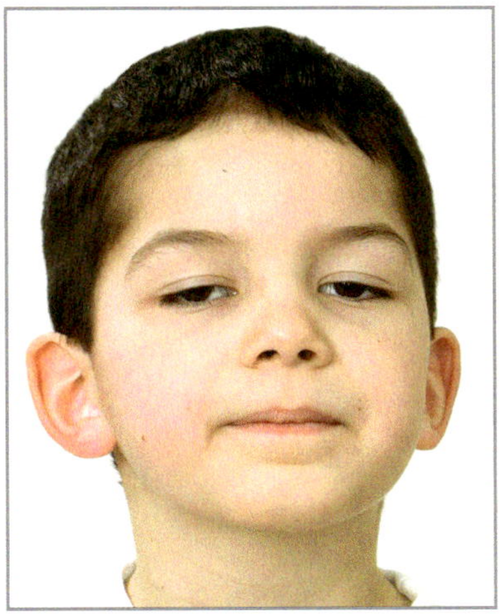

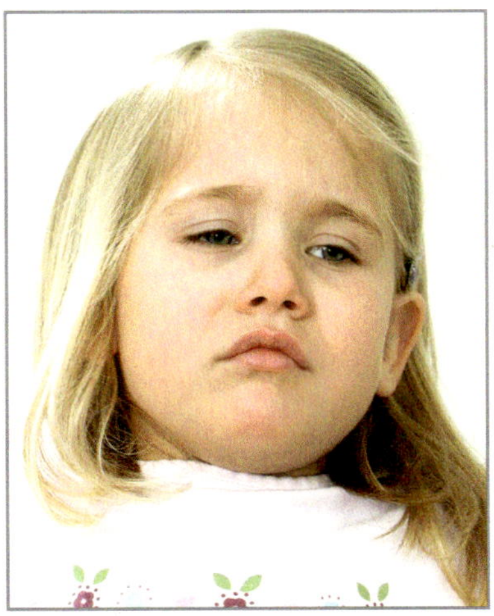

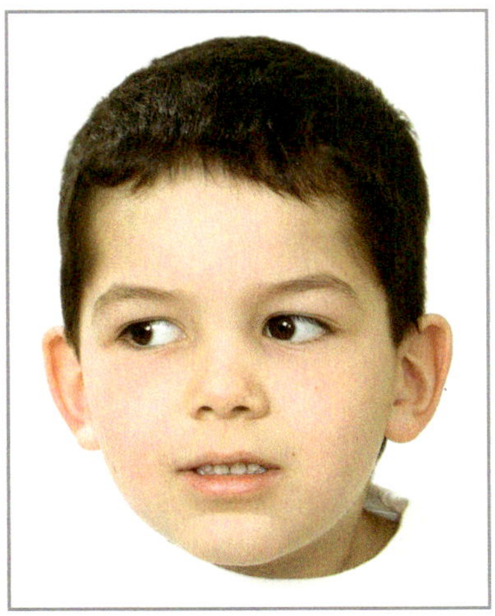

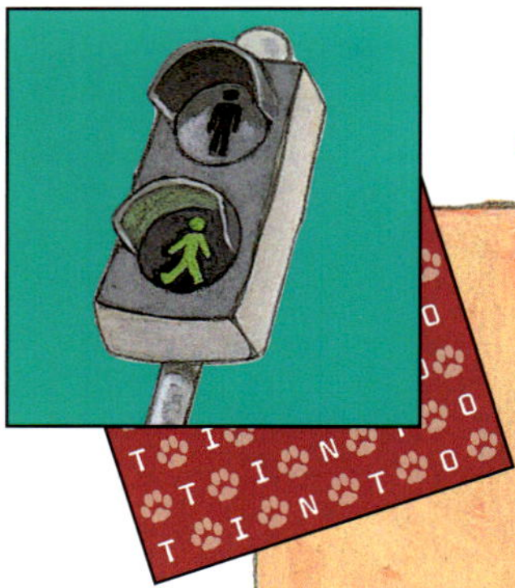

Auf der Straße

KINO
Kino 1
Das verliebte Schaf
Kino 2
Karottenzauber
Talstraße
U
Meier
Adria
KIOSK

Mein Weg zur Schule

Mein **Weg** zur **Schule**
ist nicht schwer,
i-ei-i-ei-oh.
Ich geh' ihn täglich
hin und her,
i-ei-i-ei-oh.

Aus dem **Haus**,
geradeaus,
an der Fahrbahn
bleib' ich steh'n.
Ich seh' nach **links**,
nach **rechts** und links,
wenn alles frei ist,
kann ich geh'n.

Und an der
großen Kreuzung dann
seh' ich mir erst
die **Ampel** an,
und springt sie um
von **rot** auf **grün**,
dann kann ich endlich
weiterzieh'n.

Zur nächsten Ecke
geh' ich hin,
bis ich am
Zebrastreifen bin,
und da kann ich
erst weitergeh'n,
wenn wirklich
alle **Autos** steh'n.

Rolf Zuckowski

Am Bus

Lena hat einen langen Schulweg.
Sie fährt jeden Tag mit dem Bus.

An der Ampel

Herr Heise
ist Polizist.
Er hilft
den Kindern.

Nach der Schule

Ich habe ein rotes Fahrrad
und einen roten Helm
und eine gelbe Fahne.
Damit kann mich jeder gut sehen.

Was ist das?

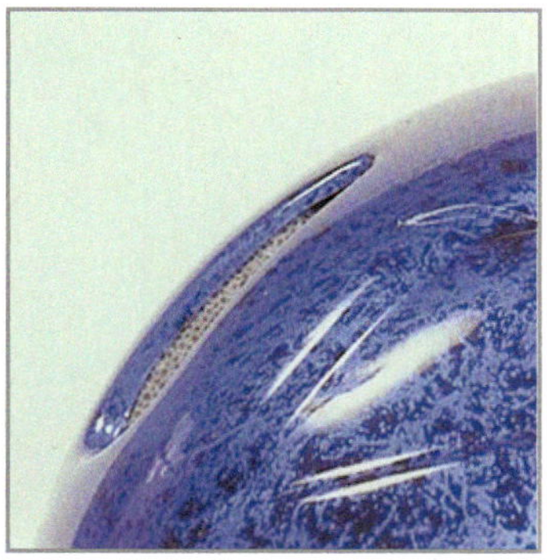

Im Herbst

Rätsel

Groß wie ein Haus,
klein wie eine Maus,
spitz wie ein Igel,
glatt wie ein Spiegel.
Was ist das?

Die Kastanie

Wurfkastanien fliegen weit

1.

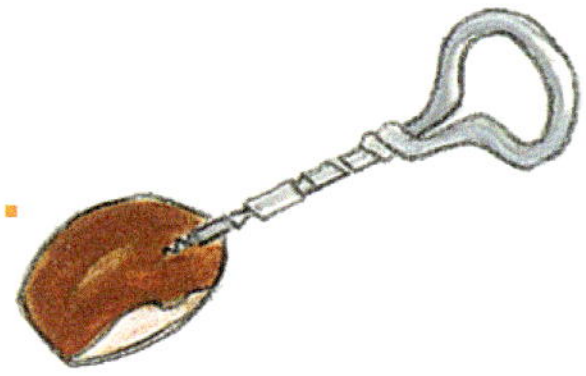

2.

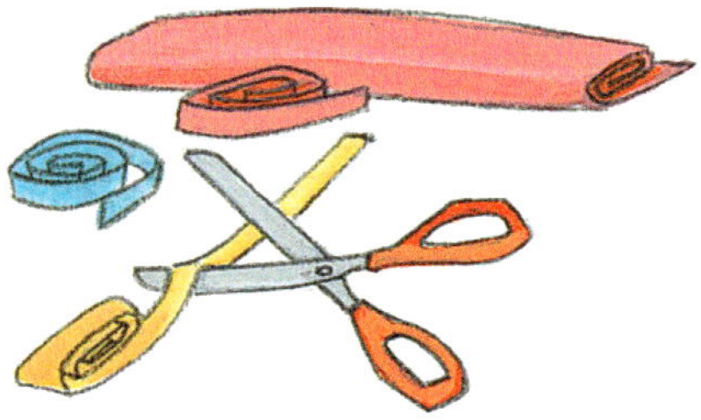

3.

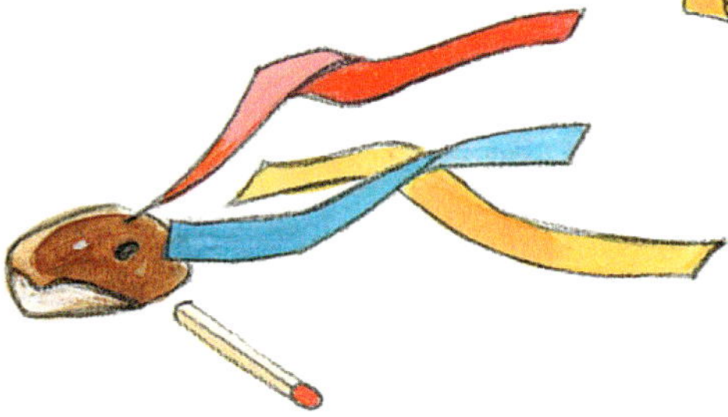

Ich habe den Baum getroffen!

Ich will die Kastanie
in den Mülleimer werfen.

Das kann ich auch.
Schaffe ich das?

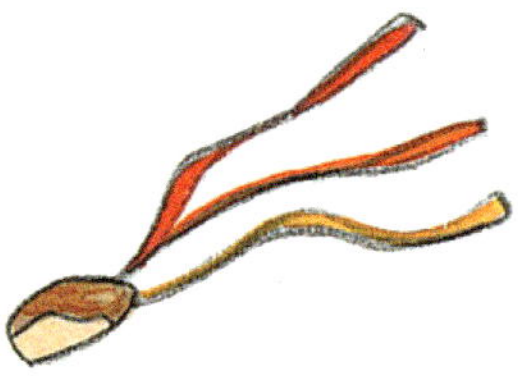

Der Igel

Der Igel hat eine nasse
und spitze Nase.

In der Nacht
ist der Igel unterwegs.

Der Igel rollt sich
zu einer Kugel.
Er ist in Gefahr.

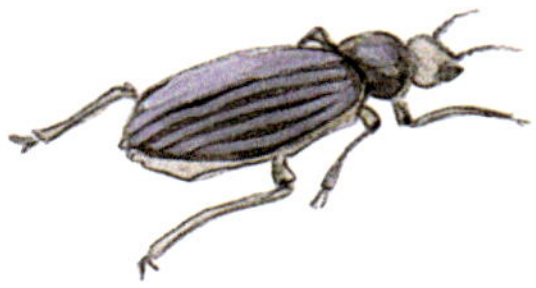

Im Herbst frisst
der Igel sich Fett an.

Schnecken, Käfer und Obst
mag der Igel gern.
Milch darf er nicht trinken.

Der Igel schläft
im Winter.

Zum Nachdenken

Ein Igel geht
vor zwei Igeln.
Ein Igel geht
zwischen zwei Igeln.
Ein Igel geht
hinter zwei Igeln.

Wie viele Igel
sind das wohl?

Ute Andresen

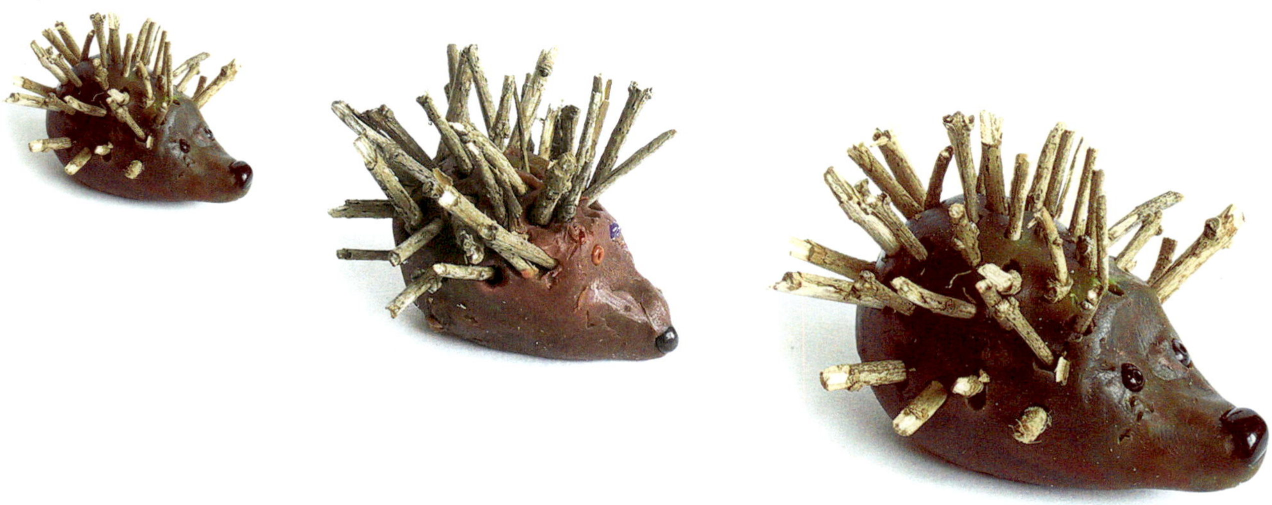

Winterschlaf

Melodie: nach einer schwedischen Volksweise
Text: K. W. Hoffmann

Zu Hause

Ich kaufe ein

Wohin mit dem Müll?

Freunde

Tim kommt mittags nach Hause und schreibt an Lena eine E-Mail.

So groß wie ein Baum

Text: Reinhard Feuersträter
Melodie: Reinhard Horn

So weit wie das Meer,
so hoch wie ein Haus,
so hell wie ein Stern
soll uns're Freundschaft sein!

So bunt wie ein Bild,
so breit wie der See,
so schön wie der Wald
soll uns're Freundschaft sein!

Tantenküsschen

Heute feiert Tante Loretta ihren siebzigsten Geburtstag. Und zu dem hat sie die ganze Familie eingeladen.

„Lotta! Anna!“, ruft Tante Loretta begeistert, als sie Lotta und ihre große Schwester in dem Geburtstagsgedränge entdeckt.

„Achtung! Kussalarm!“, flüstert Anna Lotta warnend zu.
Lotta nickt. Sie kennt das schon:
Ihre ganze Familie küsst einfach zu gern!

Doch so viele fremde Küsse mögen Lotta und Anna nicht.
Schließlich ist ein Geburtstag ein Geburtstag und kein Kusstag!

Und darum haben sie sich
in diesem Jahr etwas ausgedacht.

Mit steif ausgestrecktem Arm gehen
Lotta und Anna herum und schauen
allen fest in die Augen und sagen:
„Guten Tag! Guten Tag! Guten Tag!“

Alle scheinen zu verstehen,
dass die beiden ganz und gar
ungeküsst bleiben wollen.

Jana Frey
Betina Gotzen-Beek (Illustration)
(gekürzte Fassung)

Gestern – heute – morgen

6. Mai 2031
10. April 2031
21. März 2031
Flotte Sprotte
2040
2050
2060
2070
SOLAR
21:11:35
MONTAG
15:08

Mein Tag

morgens

vormittags

mittags

nachmittags

abends

nachts

Justine

Geburtstag

Am Tag vor Nickels Geburtstag schauen sich Mama, Nickel und Jola ein Fotoalbum an: „Hier, auf dem Foto warst du noch gar nicht geboren“, sagt Nickel-Mama.

„Da warst du noch in meinem Bauch.

Und dieses Bild ist vom 12. Oktober vor sieben Jahren. Da warst du gerade ein paar Stunden alt.“

„Er hat ja gar keine Haare gehabt“, sagt Jola.

Nickel-Mama lacht. „Nein, er hatte eine Glatze. Wie sein Opa.“

„Habt ihr euch trotzdem über mich gefreut?“, fragt Nickel.

Seine Mutter gibt ihm einen Kuss. „Und wie!“

Mirjam Pressler

Meine Freundin hat am 24. Dezember Geburtstag.
Das finde ich toll.
Sie findet das blöd.
Lena

Meine Oma ist im April 67 Jahre alt geworden.
Dann ist sie auf einmal gestorben.
Jonas

EINLADUNG

Lieber Max,
ich feiere meinen 7. Geburtstag am 12. Oktober um 15 Uhr.

Ich freue mich, wenn du kommst.
Dein Nickel

Die vier Jahreszeiten

Text und Rhythmus:
Rüdiger Urbanek

Frühling

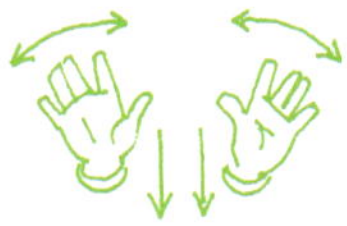

♪ ♪ ♪ ♪ ♩ ♩

|: Re-gen-trop-fen fal - len, :|

♪ ♪ ♪ ♪ ♪ ♪ ♪ ♪

|: trom-meln auf die Au-to-dä-cher. :|

♩ ♩ ♩ ♩

|: Blit - ze zu - cken: :|

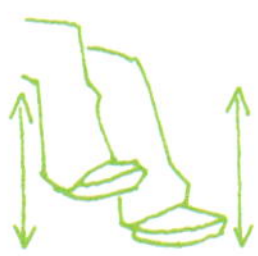

♪ ♪ ♪ ♪ 𝅗𝅥

|: Rum bum bum bum bum! :|

Winter

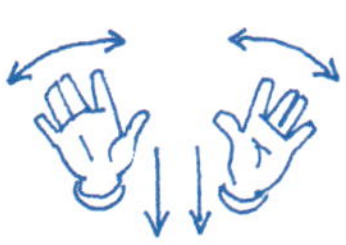

♩ ♪ ♪ ♩ ♩

|: Schnee - flo - cken fal - len, :|

♪ ♪ ♪ ♪ 𝅗𝅥

|: roll mir ei - nen Ball, :|

♩ ♩ ♩ ♩

|: nas - se Hän - de: :|

♩ ♩ 𝅗𝅥

|: wisch und weg. :|

Sommer

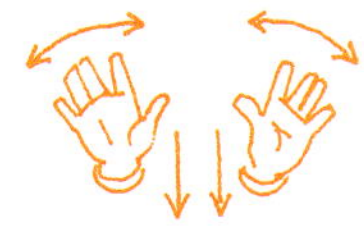

|: Son-nen-strah-len blin - ken, :|

|: ma-chen mich ganz warm, :|

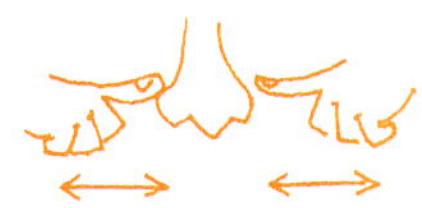

|: kit - zeln in der Na - se: :|

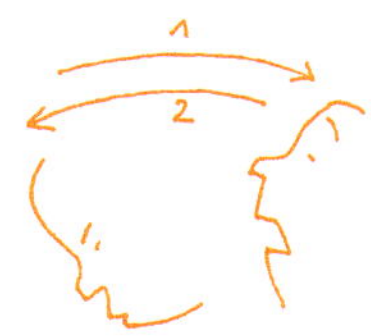

|: Hat - - - - - - - - schi! :|

Herbst

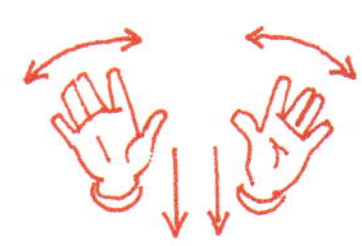

|: Ne - bel-schwa-den wal - len, :|

|: weiß und weich, :|

|: küh - le Win - de we - hen: :|

|: und weg. :|

Hokuspokus

Hexenmenü
roter Krötensaft
Zauberglibber
Knabberschaben
Hexenküsse
Feuerwürmer

Morgens früh um sechs

Morgens früh um sechs
kommt die kleine Hex.
Morgens früh um sieben
schabt sie gelbe Rüben.
Morgens früh um acht
wird der Kaffee gemacht.
Morgens früh um neune
geht sie in die Scheune.
Morgens früh um zehne
holt sie Holz und Späne.
Feuert an um elfe,
kocht sie bis um zwölfe
Fröschebein und Krebs und Fisch.
Hurtig, Kinder, kommt zu Tisch!

Volksgut

Rezepte aus der Hexenküche

Der Spinat war fertig,
aber die Hexe war
stolz auf sich.
Sie sagte: „Ich kann kochen,
ich bin eine Koch-Hexe,
ich habe ein Zauberbuch."

Esra

Lisbet zaubert
Salat mit Spagetti
und eine Maus.
Lisbet zaubert Schleim
mit Spinnenbeinen.

Niklas

Hexengeflüster

hissi missi i i i

opo lunga rutta ma

bumbo ungu luga ho hoho ho

fiti missi riri ki ii ii

rübü sübüdü müsü üsü

hihi hihi hihi

Eine Hexentreppe basteln

Du brauchst
zwei Streifen Tonpapier.

Klebe das Tonpapier
so zusammen.

Falte nun immer einen Streifen
über den anderen.

Aus fünf Hexentreppen und
Streifen aus buntem Papier
kannst du einen
Hexentreppen-Hampelmann
basteln.

Der goldene Schlüssel

Es war einmal ein armer Junge.
Mitten im Winter musste er
in den Wald ziehen
und Holz holen.

Es war kalt und er fror.
Er machte sich ein Feuer
um sich zu wärmen.

Da fand er unter dem Schnee
einen Schlüssel.

Der Junge dachte:
Wo ein Schlüssel ist,
ist auch ein Schloss.
Er grub in der Erde
und fand ein Kästchen aus Eisen.

Er suchte lange.
Dann fand er das Schloss.
Der Schlüssel passte.
Er drehte den Schlüssel einmal herum.

Und nun müssen wir warten,
bis er den Deckel aufgemacht hat.
Dann wissen wir,
was für wunderbare Sachen
in dem Kästchen liegen.

Nach den Brüdern Grimm

Mein Körper

ÄRZTEHAUS
• Simone Gurr
Praxis für
Ergotherapie
• Dr. Hans Wusel
Praxis für
Kinderheilkunde
• Dr. Anne Schnalz
Zahnärztin
22
ÄRZTEHAUS
ZIEHEN
EINGANG

Schmelz
Wurzel
Kreislauf
Magen/Darm
WASCHI
für die reife Haut
TOV-TOV
PICKEL-EX!
MONSTERPACK € 15.-
VITAMINETTEN
DRÖHNOL gegen Kopfweh

Zahnerlebnisse

ich habe eine dose
eine hols dose dan
sint meine zäne drien
ich kukmir die zene
je den tage an
es sient 4

Ich habe eine Dose,
eine Holzdose.
Da sind meine Zähne drin.
Ich gucke mir die Zähne
jeden Tag an. Es sind vier.

Paul

Babys haben keine Zähne.

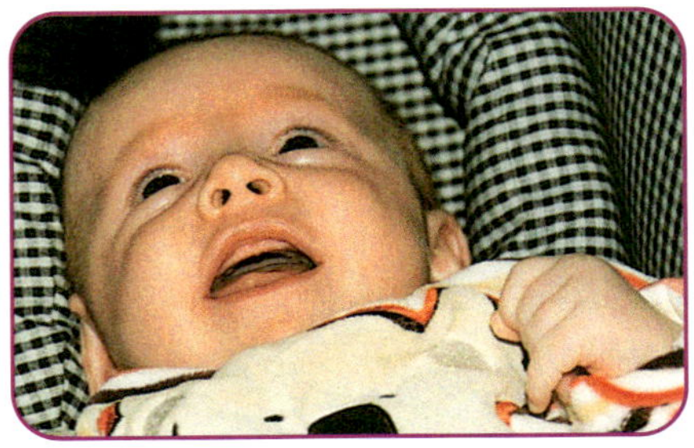

ich Ware schomal beim zanarzt.
da Was schön ich Hate Keineankst.
ich Wa. beim zanarzt aleine.
drin. ich Lag au Feinen.
stul Sarah

Ich war schon mal beim
Zahnarzt. Das war schön.
Ich hatte keine Angst.
Ich war beim Zahnarzt
alleine drin.
Ich lag auf einem Stuhl.

Sarah

mein linker zan
ist loker es ist psiRt
Wal ich mit legoGespilt
HAbe und Wal ein
LeGO Teil GanZ fest Wa
und ich mit meine
zene Das LeGoteil
RausG Zogen, HABe

Mein linker Zahn ist locker.
Es ist passiert, weil ich mit Lego gespielt habe.
Und weil ein Legoteil ganz fest war und ich mit
meinen Zähnen das Legoteil rausgezogen habe.

Katja

Die Zahnlücke

Da ist sie endlich.
Die erste Lücke.
Fatma freut sich.
Der Zahn hat schon
drei Tage gewackelt.
Fatma hat mit den Fingern
an ihm geruckelt.
Da war er draußen.

Mit der Lücke kann Fatma
lustige Sachen machen.
Sie kann spucken und pfeifen.
Den Zahn hat sie in eine Dose gelegt.
Bald kommt ein zweiter Zahn dazu.

Welches Tier ist gemeint?

Mit meinen Nagezähnen knacke ich Nüsse. ⑤

Ich brauche keinen Zahn. Meine Beute schlinge ich herunter. ③

Ich habe zwei Zähne, die giftig sind. ④

② Meine Eckzähne sind besonders spitz.

Meine beiden Stoßzähne sind aus Elfenbein. ①

Wem tut kein Zahn weh?

Heute hatte Arbeit,
fast zuviel,
Tierzahnarzt Max Halifax.
Tiger, Zebra,
Bär und Krokodil,
Hirsch, Frosch, Kalb,
Fuchs und auch Dachs,
Nilpferd, Pony,
Has und Reh
kamen an:
„Ein Zahn tut weh!“

So riefen sie
und klagten sehr.
Einer hat geschwindelt.
Wer?

Josef Guggenmos

Wir gebrauchen unsere Sinne

Kannst du gut **sehen**?

Kannst du gut **hören**?

Kannst du gut **riechen**?

Kannst du gut **schmecken**?

Kannst du gut **balancieren**?

Kannst du gut **fühlen**?

Im Frühling

Frühling

Jetzt bleibt es länger hell.

Die  strecken ihre Köpfe aus der Erde.

Auf der Wiese leuchten gelbe  .

Die Bäume werden wieder grün.

Auch die  blühen in vielen Farben.

Die Vögel singen.

 und  bauen ihre Nester.

Jetzt ist der Frühling da!

Meisen

Krokusse

Tulpen

Amseln

Osterglocken

Singt ein Vogel

Text und Melodie: Heinz Lau

Singt ein Vogel, singt ein Vogel,
singt im Märzenwald,
kommt der helle, der helle Frühling,
kommt der Frühling bald.

Komm doch, lieber Frühling,
lieber Frühling, komm doch bald herbei,
jag den Winter, jag den Winter fort
und mach das Leben frei.

Blüht ein Blümlein, blüht ein Blümlein,
blüht im Märzenwald,
kommt der helle, der helle Frühling,
kommt der Frühling bald.

Komm doch, …

Scheint die Sonne, scheint die Sonne,
scheint im Märzenwald,
kommt der helle, der helle Frühling,
kommt der Frühling bald.

Komm doch, …

Mit einer Blumenzwiebel

Rate, was habe ich hier?
Eine Zwiebel. Ich schenke sie dir.

Scheint sie dir allzu gering?
Es ist ein verzaubertes Ding.

Draus wird was schlüpfen im Mai
wie ein Vogel aus dem Ei.

Wie ein Paradiesvogel schön
wird eine Blume im Garten steh'n.

Josef Guggenmos

Versuch es doch mal!

Du brauchst:

- eine Tulpe mit weißer Blüte
- ein Glas oder eine Flasche
- Wasser und etwas Tinte

So geht es:

Fülle Wasser in das Glas.
Gib etwas Tinte dazu.
Schneide den Stängel
der Tulpe frisch an.
Stelle die Tulpe in das
gefärbte Wasser.

Die Amsel

Im Frühling baut das Amselpaar ein Nest. Mit Gräsern und Moos wird es weich gepolstert.

Die Jungvögel haben immer Hunger. Sie sperren die Schnäbel weit auf. Die Eltern bringen ihnen Spinnen, Würmer, kleine Schnecken und Beeren.

Das Amselweibchen hat vier Eier ins Nest gelegt. An ihrer Farbe kannst du sie erkennen.

Die Eier müssen gewärmt werden. Zwei Wochen lang brütet das Amselweibchen. Manchmal hilft das Männchen mit.

Ein Junges ist geschlüpft. Die Augen sind geschlossen. Es ist noch nackt. Deshalb braucht es viel Wärme.

Am Wasser

QUAFIT
ADLER
ADLER
KASSE
SOUVENI
POMMES
LAGUNE
DA

Wer macht was?

Ich bin der Kapitän der Santa Maria.
Wir fahren Schrott nach Dortmund.
Auf der Rückfahrt laden wir Steine.

Ich kann den ganzen Tag angeln.
Als Rentner habe ich dafür Zeit.
Manchmal kommt mein Enkel mit.
Dann macht es noch mehr Spaß.

Mir gehört diese Pommesbude.
Was magst du lieber:
Pommes mit Mayo oder Ketchup?
Würstchen verkaufe ich auch.
Und natürlich Getränke.

Ich bin der Kapitän des Luftschiffes.
Mein Luftschiff ist mit Gas gefüllt.
Deshalb kann es fliegen.

Schifflein auf dem Bach

Ein hübsches Schifflein
bauten wir,
ein schneeweißes Schifflein
aus Papier.

Ist es auch klein,
so schwimmt es doch.
Es schwimmt auf dem Bach –
fährt immer noch.

Und kommt es nicht weit:
Ein kleines Stück
erlebte es
das Seefahrerglück.

Josef Guggenmos

Versuche mit Wasser

Was schwimmt, was sinkt?

Warum schwimmen Schiffe?

Was passiert mit dem Wasserstand?

Bilder mit Schiffen

Fischerboote auf dem Meer

Vincent van Gogh

Boote am Wasser

Karl Schmidt-Rottluff

Im Ruderboot

Winslow Homer

Abenteurerschiff

Paul Klee

Auf der Baustelle

FERKEL
FIX

Wie sieht dein Wunschhaus aus?

Ich finde ein Haus
nur schön, wenn
das Dach so ist
und das Holz bunt.
Das war alles.

Ich kann vom Dach bis
in den Swimmingpool
rutschen.
Mein Haus hat
eine Wasserrutsche.

Abenteuerspielplatz

Toll, hier können Kinder sich
Werkzeug ausleihen.
Murat, Tim und Lena
bauen eine Hütte.
Tim hat einen Nagel
schief eingeschlagen.
Was nun?

Der Maurer

Ich bin Lenas Papa.
Ich bin Maurer.
Auf der Baustelle
schützt mich mein Helm.

Mit der Kelle gebe ich Mörtel
auf die Steine.
Der Mörtel wird hart.
Durch ihn kleben
die Steine aneinander.

Außerdem brauche ich eine Wasserwaage.

Manchmal muss ich
auf hohen Gerüsten arbeiten.

Ich baue eine Wand

Wie hält die Wand gut?

Wer will fleißige Handwerker seh'n?

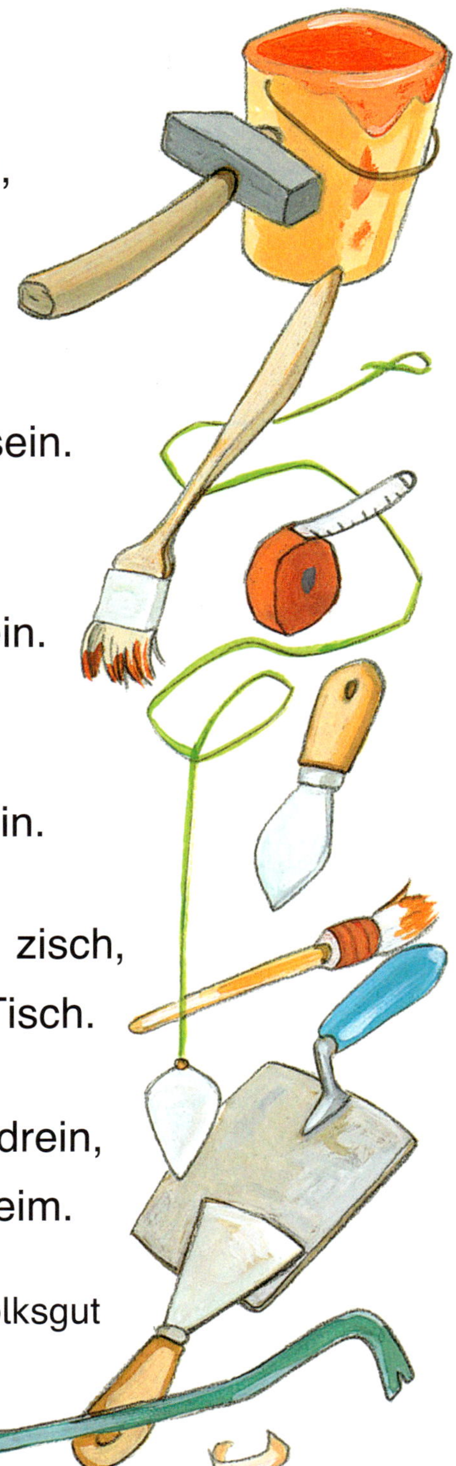

Refrain:
Wer will fleißige Handwerker seh'n,
der muss zu uns Kindern geh'n.

1. Stein auf Stein, Stein auf Stein,
das Häuschen wird bald fertig sein.

2. O wie fein, o wie fein,
der Glaser setzt die Scheiben ein.

3. Tauchet ein, tauchet ein,
der Maler streicht die Wände fein.

4. Zisch, zisch, zisch, zisch, zisch, zisch,
der Schreiner hobelt glatt den Tisch.

5. Tripp, trapp, drein, tripp, trapp, drein,
jetzt geh'n wir von der Arbeit heim.

Volksgut

Zum schnell Sprechen

Hinter Hermann Hannes Haus
hängen hundert Hemden raus.

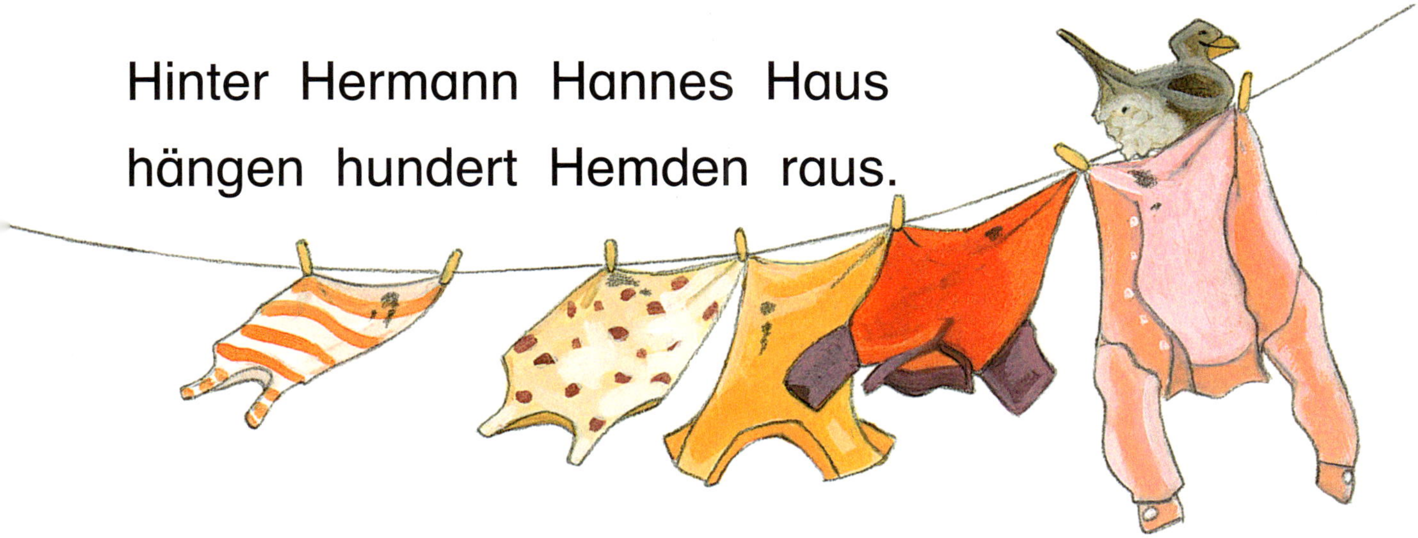

Beide Brüder bauen breite Brücken,
breite Brücken bauen beide Brüder.

Klara Kruse kachelt kleine Kacheln
im klitzekleinen Keller.

Unterwegs

STRANDBRUMME
ZOO
KASSE
Gorillas

Sommerzeit – Ferienzeit

Text und Melodie: Wolfgang Spode

Pack den Koffer 1, 2, 3, diese Sachen sind dabei:

Post aus weiter Ferne?

Liebe Sina,
mir gefällt es hier an
der Nordsee sehr gut.
Jeden Tag gehen wir
baden. Wir haben
auch schon Seehunde
gesehen.
Viele Grüße auch von
Mama und Papa

deine Lena

Postkarte

An
Sina Kordes
Neue Str. 12
(Straße und Hausnummer)

47653 Werl
(Postleitzahl) (Bestimmungsort)

Hallo Thomas!
Danke für deine Urlaubs-
post. In diesem Jahr
verreisen wir nicht, weil
Papa keine Arbeit hat.
Gestern war ich mit
Mama und Kira im Zoo.
Das war toll.
Kommst du mich
besuchen?

Bis bald dein Jan

Postkarte

An
Thomas Nolte
Blumenstraße 23
(Straße und Hausnummer)

10243 Berlin
(Postleitzahl) (Bestimmungsort)

Ein kleiner Hase auf Weltreise

Felix ist ein kleiner Kuschelhase.
Eigentlich gehört er Sophie.
Aber am Ende der Ferien ist etwas Furchtbares passiert: Auf dem Flughafen war Felix plötzlich verschwunden und niemand konnte ihn wiederfinden.
Aber alle paar Wochen schreibt er Sophie einen Brief:

IN PARIS, IM SEPTEMPER

CHÈRE SOPHIE,

DAS IST FRANZÖSISCH UND ISCH LIEBE FRANKREISCH! ISCH HABE JETZT EINEN KOFFER → , ER IST TRÈS CHIC, SO SAGT MAN HIER. ISCH SEHE MIR NOCH EIN WENIG DIE WELT AN. PARIS IST AUCH NICHT SCHLECHT! ISCH WOHNE IM HOTEL RITZ, DAS IST SEHR ELEGANT. ABER IRGENDWIE SCHEINEN MICH DIE MENSCHEN IM HOTEL UND AUF DEN STRAßEN GAR NICHT ZU BEMERKEN. KOMISCH, NICHT? MIR EGAL, HIER GIBT ES DEN «TOUR D'EIFFEL», DAS IST DER HÖCHSTE TURM, DEN ICH JE GEÓÓSEHEN HABE.

STELL DIR VOR: DIE LEUTE TRAGEN IHR BROT UNTERM ARM, UND EIN BROT IST SO LANG WIE EIN BESENSTIEL. GESTERN HABE ICH MÄNNER GESEHEN, DIE IM PARK MIT KUGELN SPIELEN.

(RICHTIG GROßE MÄNNER - WIE DEIN PAPA!)

GLAUBST DU MIR, DASS ES HIER SO WAS WIRKLICH GIBT?
APROPOS, WIE LÄUFT ES ZU HAUSE?

GRUß UND KUSS VON FELIX

[... hier schreibt Felix noch viel mehr]

„Hhm“, denkt Sophie, „wieso ist in Paris alles anders?“
Plötzlich fällt ihr ein, dass Oma an diesem Nachmittag zu Besuch kommt. Die weiß bestimmt mehr, weil sie schon ganz oft in Frankreich war.

„O, là, là, der Hase ist in Paris“, ruft ihre Oma.
Dann erzählt sie über das Spiel, von dem Felix geschrieben hat.
Boule heißt es und ist in Frankreich sehr bekannt. […]
Dann kramt Oma einen Reiseführer hervor.
Sophie blättert darin und Oma ruft:
„Ach, dort gibt es einfach das köstlichste Essen.“
Als Beweis serviert sie zum Abendessen Baguette, Käse und Salat à la Paris. Und das schmeckt fast ein bisschen wie Ferien in Frankreich.

Annette Langen & Constanza Droop (Illustration)
(gekürzte Fassung)

Antalya liegt am Mittelmeer

Ich freue mich schon sehr auf die Ferien.
Wir fahren nach Antalya.
Das ist eine große Stadt in der Türkei.
Dort lebt meine Oma. Meine Tanten und
mein Onkel wohnen auch in Antalya.
Wir besuchen sie fast jedes Jahr.

Antalya liegt am Mittelmeer.
Im Sommer ist es dort sehr warm.
Wir fahren oft zum Schwimmen ans Meer.
Manchmal nehmen wir meine Kusinen mit.

Einmal sind wir auch nach Istanbul gefahren.
Istanbul ist die größte Stadt in der Türkei.
Dort haben wir die Sultan Ahmet Moschee besucht.
Sie ist überall mit blauen Steinen geschmückt,
deshalb heißt sie auch „Blaue Moschee".

Jebba liegt am Niger

Ich bin schon ganz aufgeregt!
Wenn die Ferien anfangen, fliegen wir
zu meinem Onkel nach Nigeria.
Ich war noch nie dort.

Nigeria ist ein Land in Afrika.
Dort ist es ganz heiß, hat mein Papa gesagt.
Im Norden von Nigeria liegt die Wüste Sahara.
Da regnet es fast nie.

Mein Onkel wohnt in Jebba.
Jebba liegt am Niger, einem großen Fluss.
In Nigeria gibt es viele Völker.
Sie sprechen verschiedene Sprachen.
Deshalb lernen die Kinder in der Schule Englisch.
Aber nicht alle Kinder können zur Schule gehen.
Das finde ich doof!

Ob es mir
in Nigeria
gefallen wird?

Feste im Jahr

MAI
MAMA
JUNI
PAPA
JULI
AUGUST
SEPTEMBER
TOBER
LENA

Sankt Martin

Martin lebte vor sehr langer Zeit.
Er war Soldat.
Eines Tages sah er einen armen Mann
am Straßenrand.
Der hatte keine Kleider.
Dem armen Mann war sehr kalt.
Martin teilte seinen Mantel
mit dem Schwert.
Er schenkte dem Armen
den halben Mantel.
Der arme Mann war froh.

Nikolaus

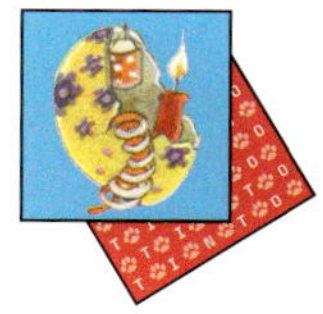

Holler, boller, Rumpelsack,
Niklas trug sie Huckepack,
Weihnachtsnüsse, gelb und braun,
runzlig, punzlig anzuschaun.

Knackt die Schale, springt der Kern,
Weihnachtsnüsse ess' ich gern.
Komm bald wieder in mein Haus,
guter alter Nikolaus!

Albert Sergel

Weihnachtszeit

Im Weihnachtsstall zu Bethlehem,
da war es schrecklich unbequem.

Der Wind blies rau und eisig kalt
durch jeden Tür- und Bretterspalt.
Maria, Josef und das Kind,
die zitterten im Winterwind.

Fünf Schafe kamen von dem Feld
und haben sich dazugesellt.

Schnell rückten alle dicht an dicht,
so fühlte man die Kälte nicht.

KNISTER

Weihnachtslied

Text und Melodie: Wolfgang Longardt

2. Tragt zu den Kranken ein Licht.
Sagt ihnen: „Fürchtet euch nicht!“ …

3. Tragt zu den Kindern ein Licht.
Sagt allen: „Fürchtet euch nicht!“ …

4. Tragt zu den Alten ein Licht.
Sagt ihnen: „Fürchtet euch nicht!“ …

Ostern

Der Osterhase hat über Nacht
zwölf Eier in unseren Garten gebracht.
Eins legte er unter die Gartenbank,
drei in das grüne Efeugerank,
vier in das gelbe Tulpenbeet,
drei, wo die weiße Narzisse steht.
Eins legte er auf den Apfelbaumast,
da hat sicher die Katze mit angefasst.

Volksgut

Zuckerfest

Einmal im Jahr haben wir
den Fastenmonat Ramadan.
Da dürfen wir nur essen,
wenn es draußen dunkel ist.
Wenn der Ramadan vorbei ist,
feiern wir das Zuckerfest.
Am Zuckerfest stehen wir ganz früh auf.
Die Männer gehen zur Moschee.

Betül

Am Zuckerfest gehen wir
zu Verwandten und Freunden.
Wir begrüßen uns mit: „Allen sei Freude!“
Die Kinder bekommen Süßigkeiten geschenkt.

Muhammed

Wenn wir Zuckerfest haben,
ziehen wir uns schön an
und besuchen arme Leute,
Waisen und auch die Tanten
und Onkel.
Wir beten für die Toten und für den Propheten.

Fatma

Inhaltsverzeichnis

♪ Hierbei handelt es sich um ein Lied mit Noten.

𝄞 Hierbei handelt es sich um ein Lied, die Noten finden Sie in den Handreichungen für den Unterricht.

Texte und Originalillustrationen

26 Andresen, Ute: Zum Nachdenken. Aus: ABC und alles auf der Welt, Beltz Verlag, Programm Beltz&Gelberg, Weinheim und Basel 2002.

34/35 Frey, Jana: Jetzt ist Schluss, ich will keinen Kuss! Lotta lernt Nein sagen (Auszug, gekürzt). Mit Originalillustrationen von Betina Gotzen-Beek. Loewe Verlag, Bindlach 2003.

40 Pressler, Mirjam: Jola und Nickel feiern Geburtstag (Auszug). Loewe Verlag, Bindlach 1995.

57 Guggenmos, Josef: Wem tut kein Zahn weh? (Text leicht verändert). Aus: Zwei mit vier Beinen. Beltz Verlag, Programm Beltz & Gelberg, Weinheim und Basel 1990.

64 Guggenmos, Josef: Mit einer Blumenzwiebel. Aus: Was denkt die Maus am Donnerstag. Beltz Verlag, Programm Beltz & Gelberg, Weinheim und Basel 1998.

71 Guggenmos, Josef: Schifflein auf dem Bach. Aus: Oh, Verzeihung, sagte die Ameise. Beltz Verlag, Programm Beltz & Gelberg, Weinheim und Basel 1990.

88/89 Langen, Annette: Briefe von Felix. Ein kleiner Hase auf Weltreise (Text und Brief gekürzt). Mit Illustrationen von Constanza Droop. Coppenrath Verlag, Münster 1994.

95 Sergel, Albert: Holler, boller Rumpelsack. In: Morgen Kinder kommt das Christkind. Arena Verlag, Würzburg 2001. Original: Ringelreihen, Franz Schneider Verlag, Berlin u. Leipzig 1921.

96 KNISTER: Fingerspiel. Knuspermaus im Weihnachtshaus, Edition Bücherbär im Arena Verlag, Würzburg 2002.

Bildquellen

9 Butterbrotdose, Mauritius Bildagentur/Katzer, Berlin; Milchflasche, Türk. Sandwich, Ursula Brinkmann, Dortmund; Joghurt, belegtes Brötchen, Müsliriegel, Coladose, Trinkpäckchen, Schokolade, Bonbons/Lolli: Imke Pelz, Berlin; Trinkflasche: Saskia Klemm, Berlin; Banane, Apfel, Paprika, Becher, Möhren, Gurke: Corel library, Cornelsen Verlag.

11 Matthias Broneske, Berlin.

19 Inliner, Ball, Fahrradhelm: Corel library, Cornelsen Verlag; Fahrrad, Knieschützer: Saskia Klemm, Berlin; Fahrradfahne, Skateboard, Verkehrsschild, Auto: Imke Pelz, Berlin; Kettcar: André Schnaubelt, Berlin; Roller: Stiftung Warentest, Berlin; Pedalo: Holz-Hoerz GmbH, Münsingen.

24 WILDLIFE Bildagentur, Hamburg.

25 Oben: Kopp/f1 online, Frankfurt a. M.; unten: Blickwinkel/O. Giel, Witten.

26 Künstlerin: Karin Zander, Kiel; Fotografie: Stefan Polte, Kiel.

32/33 Marienkäfer: Imke Pelz, Berlin.

40 Links: Saskia Klemm, Berlin; rechts: Kai Reddig, Berlin.

49 Sylvia Müller, Berlin/ Imke Pelz, Berlin.

54 Ulrike Schmidt, Berlin.

56 Elefant: Frank Lukasseck/Allover/f1online, Frankfurt a. M.

56 Frosch: Reinhard-Tierfoto, Heiligkreuzsteinach.

56 Löwe: Manfred Mothes/f1online, Frankfurt a. M.

56 Giftschlange: M. Harvey/ WILDLIFE, Hamburg.

56 Eichhörnchen: A. Rouse/ WILDLIFE, Hamburg.

65 Saskia Klemm, Sylvia Müller, Berlin.

66 Oben: Corbis/© Roger Wilmshorst; unten: dpa-Fotoreport, Frankfurt/Wolfgang Krumm.

67 Oben, unten: blickwinkel/Hecker/Sauer, Witten, Mitte: dpa-Bildarchiv, Frankfurt/Ingo Wagner.

74 Vincent van Gogh: „Fischerboote auf dem Meer bei Saintes-Maries" 1888, Puschkin-Museum, Moskau, Artothek, Weilheim.

74 Karl Schmidt-Rottluff: „Boote am Wasser" 1913, Karl-E.-Ostheim-Museum, Hagen, Artothek, Weilheim, © VG-Bild-Kunst, Bonn 2003.

75 Winslow Homer: „Im Ruderboot", Christie´s New York, Artothek, Weilheim.

75 Paul Klee: „Das Abenteurerschiff" 1927, 1, Staatliche Graphische Sammlung, München, Blauel/Gnamm/Artothek, Weilheim, © VG-Bild-Kunst, Bonn 2003.

87 Oben: Ursula Brinkmann, Dortmund; unten: Corel library, Cornelsen Verlag.

90 Corel library, Cornelsen Verlag.

91 Oben: Corel library, Cornelsen Verlag, unten: Andrea Kuenzig/Das Fotoarchiv, Essen.

96 Pier Francesco Mola: „Die Anbetung der Hirten" (Ausschnitt), Kunsthistorisches Museum, Wien, Artothek, Weinheim.

97 Sylvia Müller, Imke Pelz, Berlin.

Cover

27 Kleines Tier-ABC: Der Igel: Text v. Francoise Bobe. Bilder v. Valerie Stetten u. Christophe Merlin. Annette Betz Verlag, Wien 2002.

27 Irmela Wendt: Wo kleine Igel sind, Arena Verlag, Würzburg 2001.

27 Gersmeier, Ria; Dreyer-Engels, Sabine: Kleiner Igel Pit, Carlsen Verlag, Hamburg 2002.

38 Wolf Erlbruch: Nachts, Peter Hammer Verlag Wuppertal, 1999

38 Bergström, Gunilla: Gute Nacht, Willi Wiberg. Verlag Friedrich Oetinger, Hamburg 1982.

38 Maar, Paul: Am Samstag kam das Sams zurück. Verlag Friedrich Oetinger, Hamburg 1980.

38 Bauer, Jutta/Boie, Kirsten: Kein Tag für Juli. Beltz Verlag, Basel. Programm Beltz & Gelberg, Weinheim und Basel 1992.

46 Originalillustration und Cover: Michl, Reinhard: Morgens früh um sechs. Verlag Carl Hanser,München/Wien 1997.

48 Peußler, Ottfried: Die kleine Hexe. © 1957 by Thienemann Verlag (Thienemann Verlag GmbH), Stuttgart – Wien.

48 Schubert, Ingrid und Dieter: Irma hat so große Füße. Verlag Sauerländer Aarau, Frankfurt a. M. 1986.

48 Baeten, Lieve: Die neugierige kleine Hexe. Verlag Friedich Oetinger, Hamburg 1992.

Kinderillustrationen

38/39 Justina Sarah Broser (4. Schuljahr), Herten

78 oben: Havva Yordanor

78 unten: Lisa Dannes

Lieder

7 Rüdiger Urbanek: Darum sind wir hier. Rechte beim Cornelsen Verlag.

14/15 Rolf Zuckowski: Mein Weg zur Schule (leicht gekürzt). MUSIK FÜR DICH Rolf Zuckowski OHG, Hamburg.

27 K. W. Hoffmann: Winterschlaf. Melodie und Text nach einer schwed. Volksweise. Aktive Musik Verlagsgesellschaft mbH, Dortmund.

33 Reinhard Feuersträter: So groß wie ein Baum. Melodie: Reinhard Horn. Kontakte Musikverlag, Ute Horn, Lippstadt.

42/43 Rüdiger Urbanek: Vier Jahreszeiten. Rechte beim Cornelsen Verlag.

63 Heinz Lau: Singt ein Vogel. (3. Strophe leicht verändert) Möseler Verlag, Wolfenbüttel.

86 Wolfgang Spode: Ferienlied. Fidula Verlag, Boppard/Rhein und Salzburg.

97 Wolfgang Longardt: Fürchtet euch nicht. Verlag Ernst Kaufmann, Lahr.

Bildredaktion: Janin Hacker

TINTO blau

Erstlesebuch

von
Dr. Rüdiger Urbanek,
Linda Anders, Ursula Brinkmann, Doris Frickemeier, Gabriele Müller

Redaktion: Imke Pelz und Sylvia Müller
Illustrationen: Eva Czerwenka
Umschlagillustration: Eva Czerwenka
Layout: Katharina Wolff
Gestaltung und technische Umsetzung: Saskia Klemm

Hinweise zum Konzept für Eltern, Lehrerinnen und Lehrer

Die Kinder lernen zunächst, die Laute der Wörter abzuhören und die Lautfolge mit Hilfe des Buchstabenhauses in Buchstaben umzusetzen. Sie schreiben, was sie hören. Häufig sind die Wörter noch unvollständig.
Anfangs können die Kinder ihre eigenen Wörter und Texte in der Regel noch nicht lesen. Auch die Texte im Erstlesebuch können und müssen sie zu diesem Zeitpunkt noch nicht lesen können.
Die Kinder sollten täglich mehrere Wörter, Sätze oder Texte selbstständig aufschreiben (nicht abschreiben!). Durch das Schreiben lernen sie das Lesen.
„Fehler" sind notwendige Schritte auf dem Weg zum richtigen Schreiben. Freuen Sie sich über kleine Fortschritte der Kinder beim Schreiben – wie früher beim Sprechenlernen.

Cornelsen online http://www.cornelsen.de

1. Auflage, 5. Druck 2005

Druck: CS-Druck CornelsenStürtz, Berlin

ISBN 3-464-80110-1

Bestellnummer 801101

Gedruckt auf säurefreiem Papier, umweltschonend hergestellt aus chlorfrei gebleichten Faserstoffen.